Tree unfolded

Marianic PARRA and Jean-Pierre PARRA

Tree unfolded

Declinations

Marianic Parra - Paintings

Jean-Pierre PARRA – Texts and translation

© Editions DESSABLES. 2016

Trees – Declination IX

Diver
rays descended into the soul
in darkness

you run away
sun raised on the head
on the wings of imagination

Arbres – Déclinaison IX

Plongeur
rayons descendus dans l'âme
dans l'obscurité

tu t'enfuis
soleil levé sur la tête
sur les ailes de l'imagination

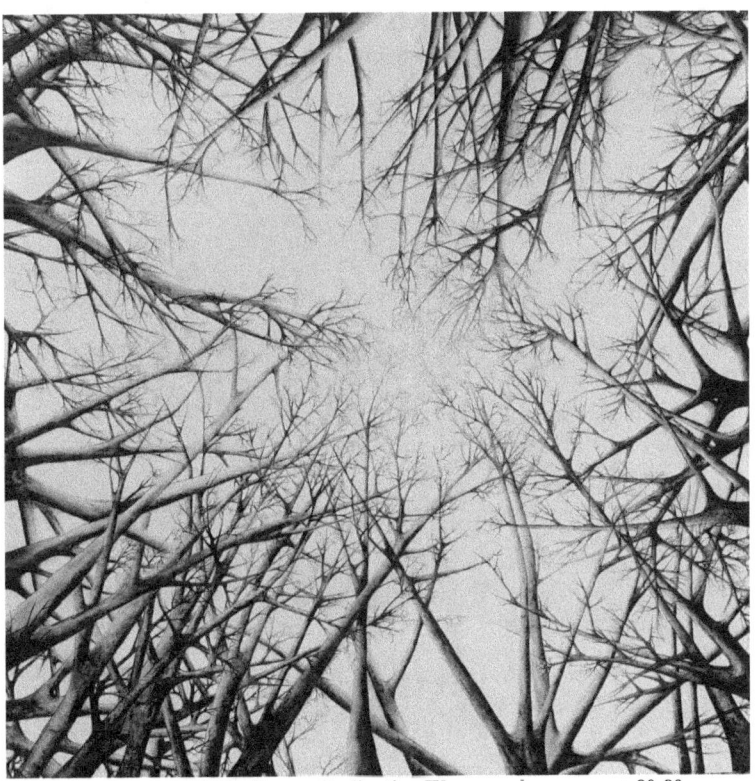

Marianic Parra 2016 «Trees - Declination IX» gouache on paper 80-80 cm

Trees – Declination X

Seen
recognized
for nothing more to fear

you murmur
scale of sky climbed
between branches heard

Arbres – Déclinaison X

Vu
reconnu
pour ne plus rien craindre

tu murmures
échelle du ciel gravie
entre les branches entendues

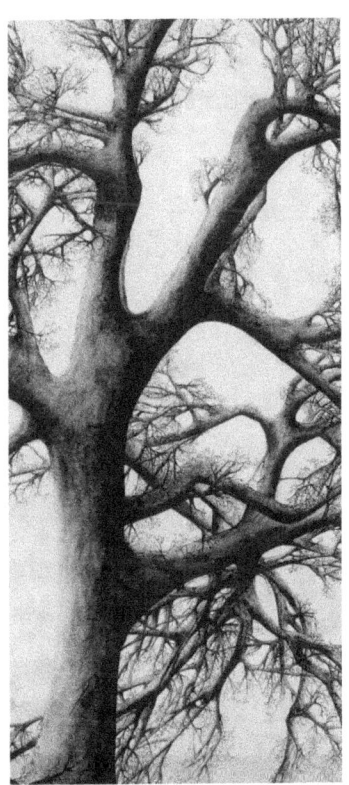

Marianic Parra 2016 «Trees - Declination X» gouache on paper 35-75 cm

Trees – Declination XI

Open
echo not neglected
to other worlds
in the wooded world sought

you abolished
foliages bequeathed to day
the frontiers of life

Arbres – Déclinaison XI

Ouvert
écho non négligé
à d'autre mondes
dans le monde des arbres cherchés

tu abolis
feuillages légués au jour
les frontières de la vie

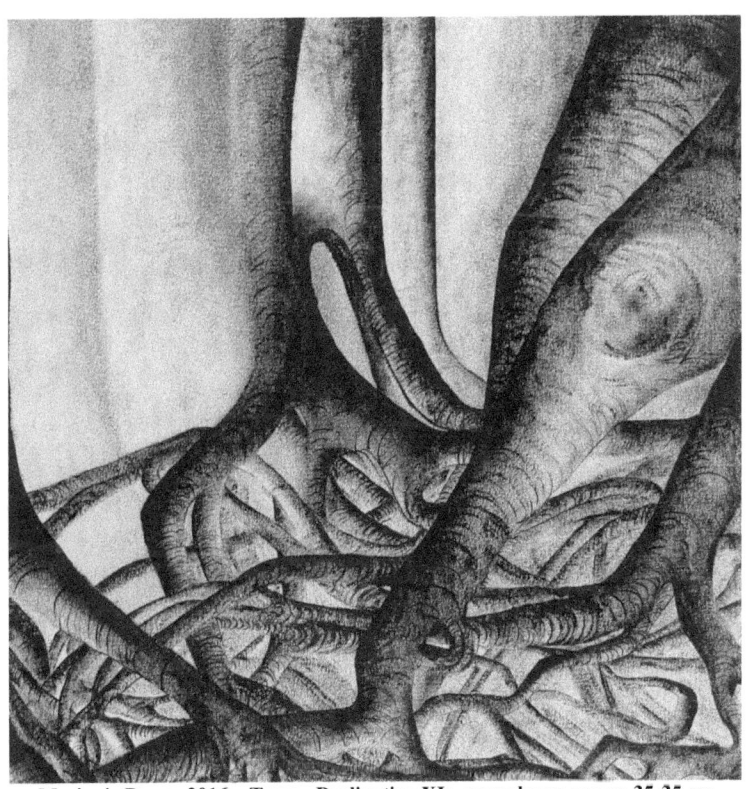

Marianic Parra 2016 «Trees - Declination XI» gouache on paper 35-35 cm

Trees – Declination XII

In the shadow seen in the shadow
In the sun seen in the sun

you look for
you find
the wooded world relieved
of leaves by the wind victorious

Arbres – Déclinaison XII

Dans l'ombre vue dans l'ombre
Dans le soleil vu dans le soleil

tu cherches
tu trouves
le monde des arbres délestés
des feuilles par le vent vainqueur

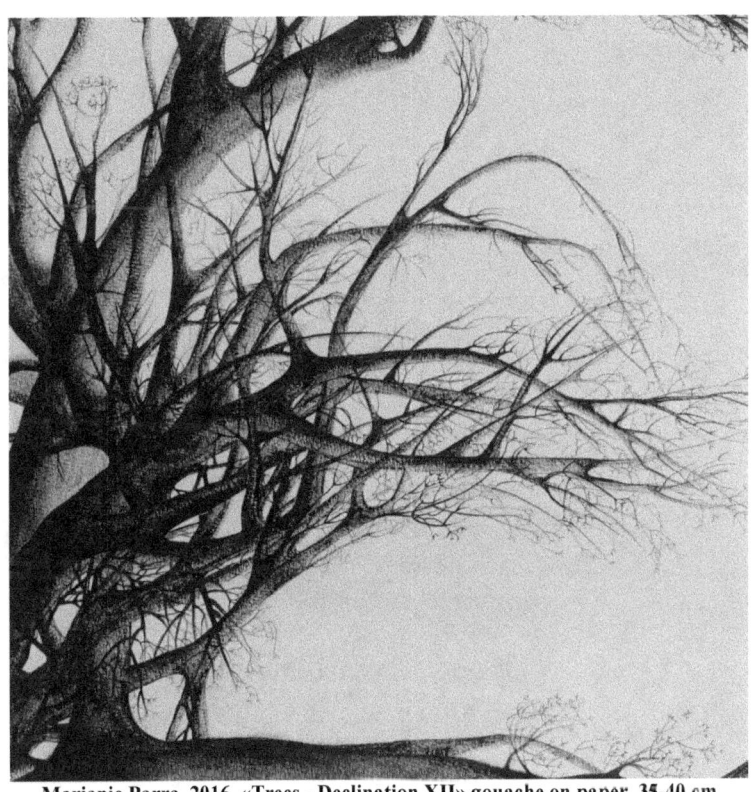

Marianic Parra 2016 «Trees - Declination XII» gouache on paper 35-40 cm

Trees – Declination XIII

Fed
surrounded by shadows
of hope

you see
through branches
the day unexpected

Arbres – Déclinaison XIII

*Nourri
entouré d'ombres
d'espérance*

*tu vois
à travers les branches
le jour inattendu*

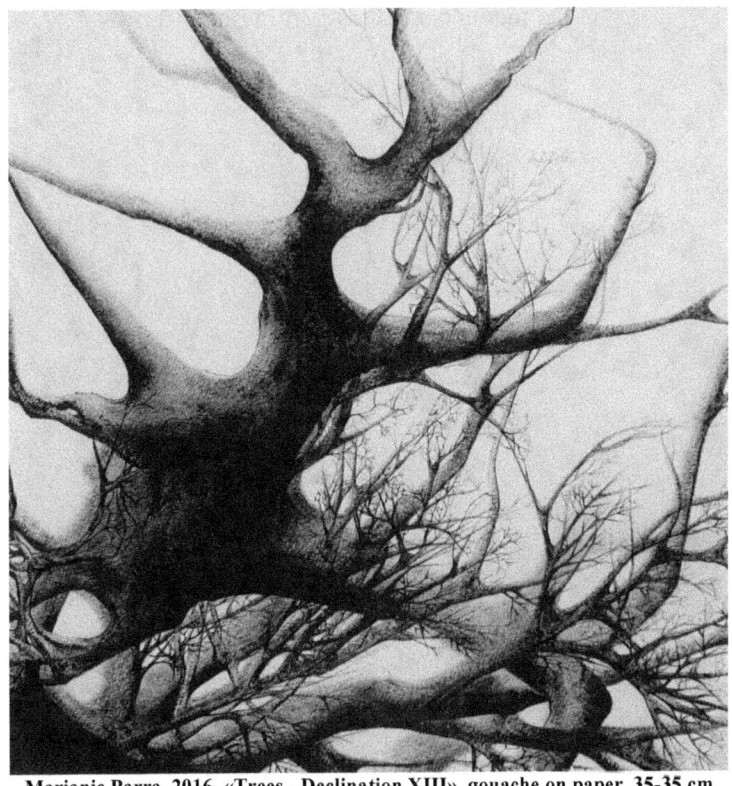

Marianic Parra 2016 «Trees - Declination XIII» gouache on paper 35-35 cm

Trees – Declination XIV

Curious
dream finished
of eveything

you listen to
the inconsistent and panting breath
accustomed
every second of life
to the brightness of the sun

Arbres – Déclinaison XIV

Curieux
rêverie finie
de tout

tu écoutes
l'incohérente respiration haletante
des branches
habituées
à chaque seconde de la vie
à l'éclat du soleil

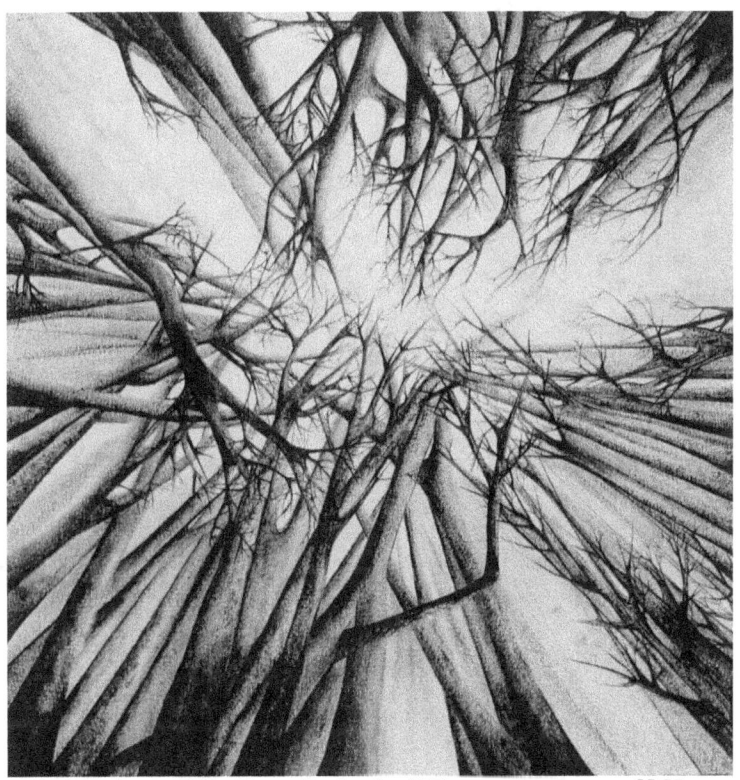
Marianic Parra 2016 «Trees - Declination XIV» gouache on paper 35-35 cm

Trees – Declination XV

Living free
on the canvas of patience forced

the tree
all around of wind listened
fills up with light

Arbres – Déclinaison XV

Vivant en liberté
sur la toile de patience forcée

l'arbre
fou de vent écouté
se charge de lumière

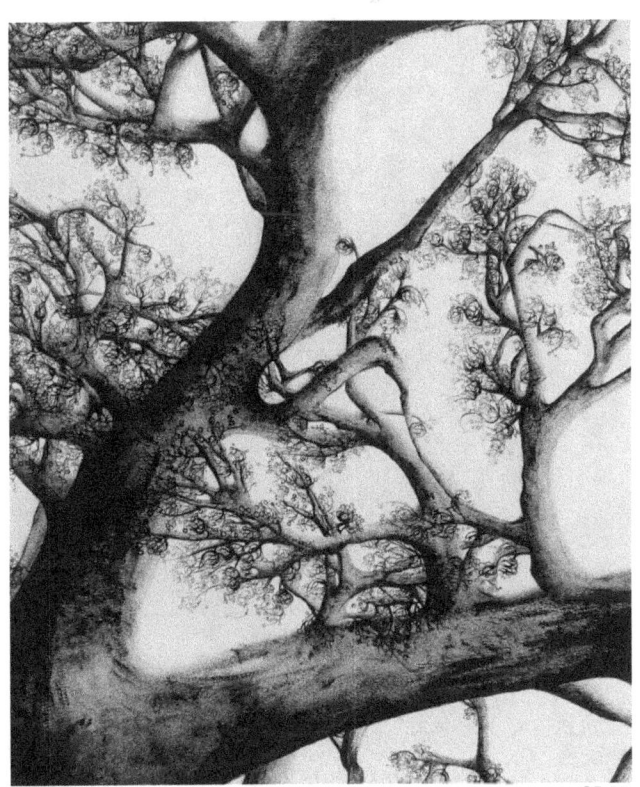

Marianic Parra 2016 «Trees - Declination XV» gouache on paper 35-35 cm

Trees – Declination XVI

Importance granted to the wind

you look
living in spite of life
at the tree unfolded
by branches shaken by shivers

Arbres – Déclinaison XVI

Importance accordée au vent

*tu regardes
vivant malgré la vie
l'arbre déplié
par les branches secouées de frissons*

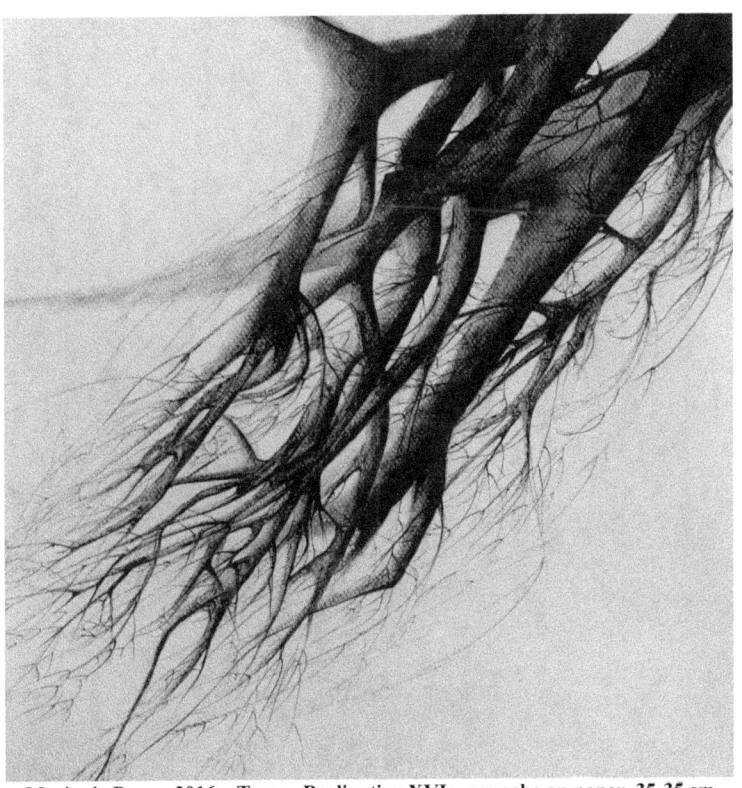

Marianic Parra 2016 «Trees - Declination XVI» gouache on paper 35-35 cm

Trees – Declination XVII

Into the tree unit

you claim
creator of uncertainty
the shadows
the lights

Arbres – Déclinaison XVII

Dans l'unité de l'arbre

tu revendiques
créateur de l'incertitude
les ombres
les lumières

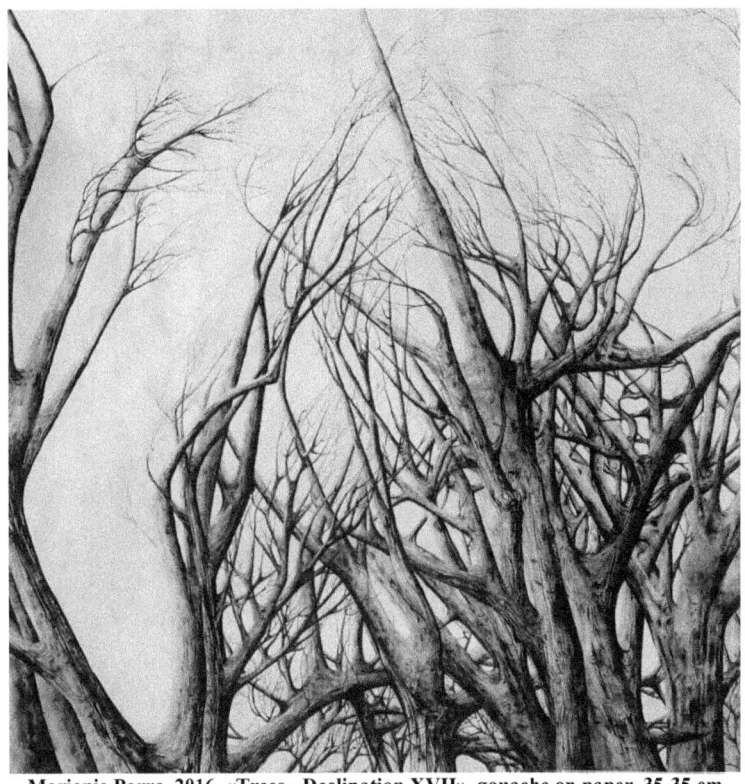

Marianic Parra 2016 «Trees - Declination XVII» gouache on paper 35-35 cm

Trees – Declination XVIII

In the shadow seen in the shadow
In the sun seen in the sun

you look for
you find
the world of trees relieved
from leaves by the wind victorious

Arbres – Déclinaison XVIII

Dans l'ombre vue dans l'ombre
Dans le soleil vu dans le soleil

tu cherches
tu trouves
le monde des arbres délestés
des feuilles par le vent vainqueur

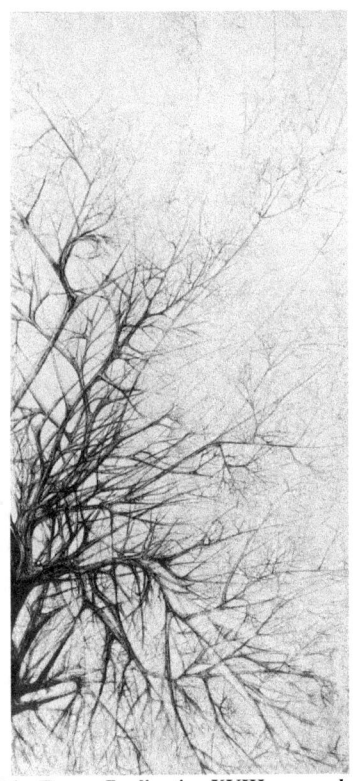

Marianic Parra 2016 «Trees - Declination XVIII» gouache on paper 35-75 cm

Trees – Declination XIX

Alive in freedom
on the canvas of forced patience

trees
crazy about wind heard
take over light

Arbres – Déclinaison XIX

*Vivants en liberté
sur la toile de patience forcée*

*les arbres
fous de vent écouté
se chargent de lumière*

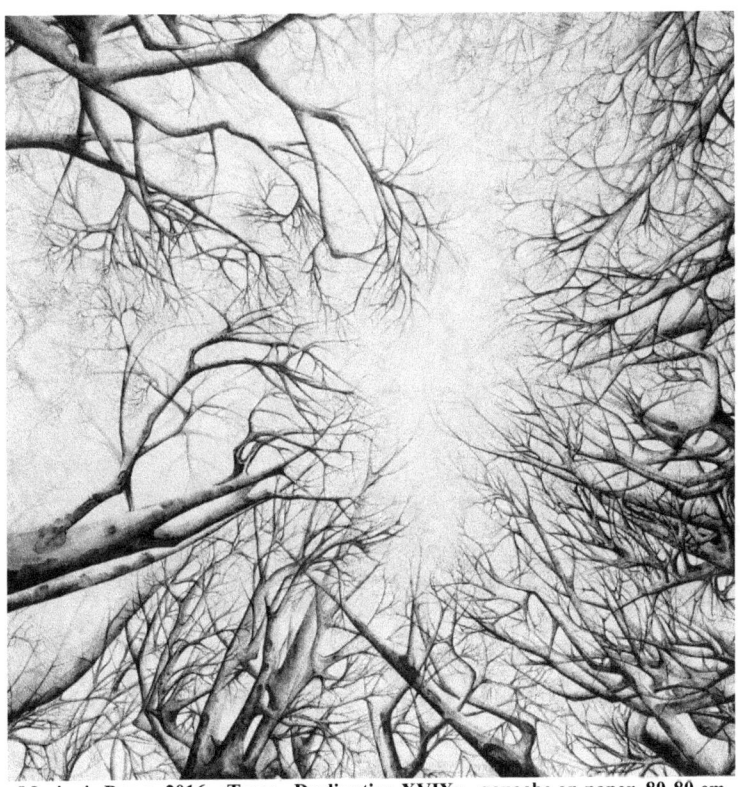

Marianic Parra 2016 «Trees - Declination XVIX» gouache on paper 80-80 cm

Trees – Declination XX

Enveloped by the thick shadow thickened
on roots thrown in the air

you put yourself
spirit altered of distance
at the threshold of trees
with deformities bizzare

Arbres – Déclinaison XX

*Enveloppé par l'ombre épaissie
sur les racines jetées en l'air*

*tu te places
esprit altéré de lointain
au seuil des arbres
aux difformités bizarres*

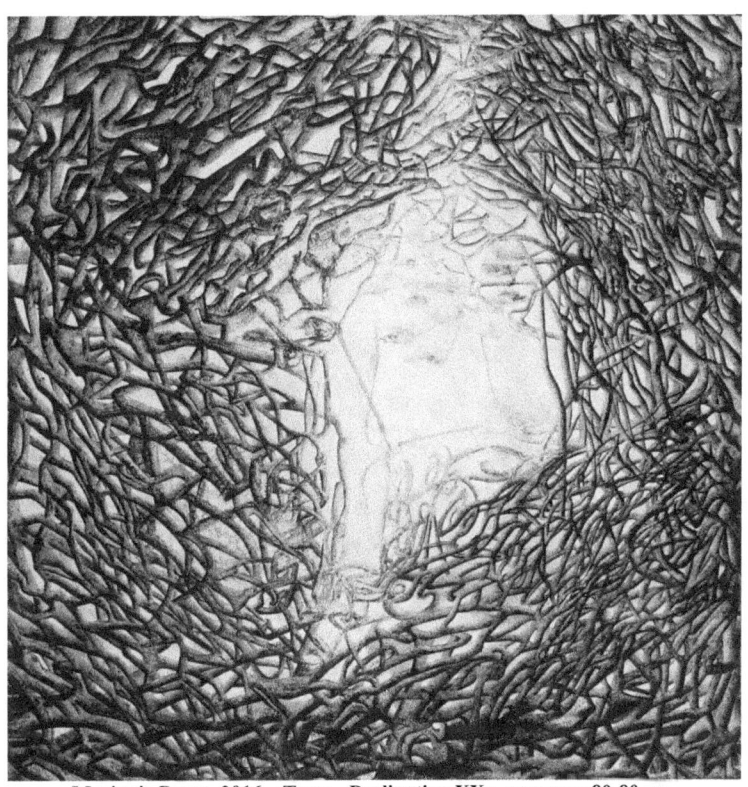

Marianic Parra 2016 «Trees - Declination XX» on paper 80-80 cm

Trees – Declination XXI

Earth wrapped
by the sun lost

you question
soul fluid
life enlightened by shadows

Arbres – Déclinaison XXI

*Terre enveloppée
par le soleil perdu*

*tu interroges
âme fluide
la vie éclairée de l'ombre*

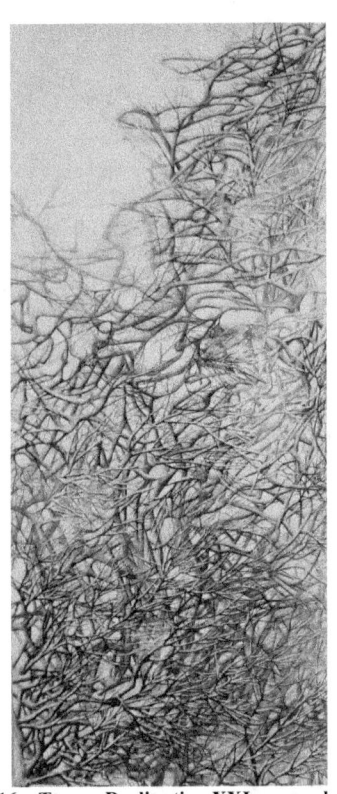

Marianic Parra 2016 «Trees - Declination XXI» gouache on paper 35-75 cm

Trees – Declination XXII

Look lost
in the light fed of light
in the light blocked by light

you distance
firmly placed on the ground pierced by tree
from death

Arbres – Déclinaison XXII

Regard perdu
dans la lumière nourrie de lumière
dans la lumière cachée par la lumière

tu te défaits
fermement posé sur la terre trouée par l'arbre
de la mort

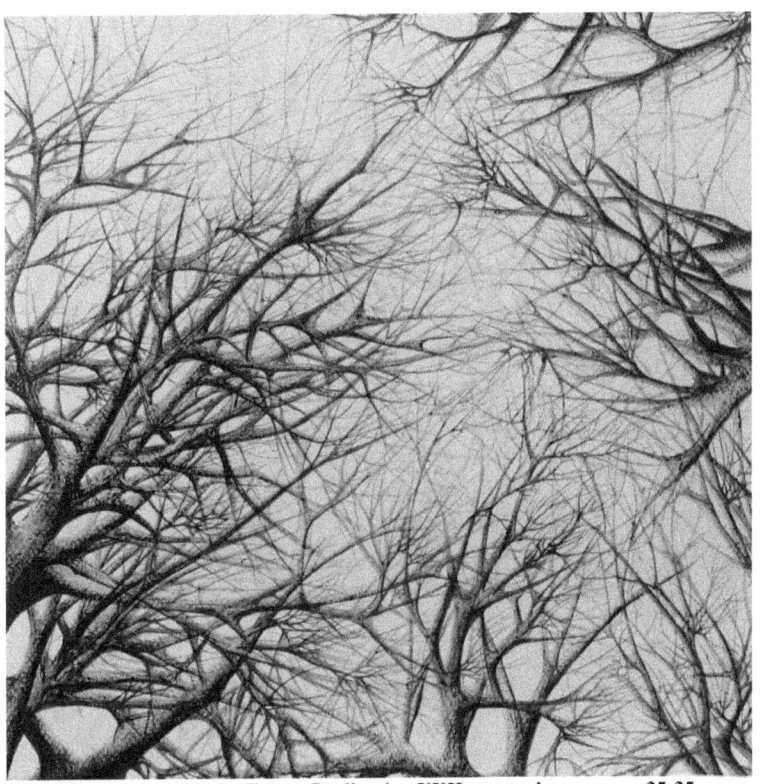
Marianic Parra 2016 «Trees - Declination XXII» gouache on paper 35-35 cm

Trees – Declination XXIII

Sun hardly raised
on trees shivering which sleep standing

you delete
limits of lines moved back
obstacles of the doubt

Arbres – Déclinaison XXIII

Soleil à peine levé
sur les arbres frissonnants qui dorment debout

tu effaces
limites des traits reculées
les obstacles du doute

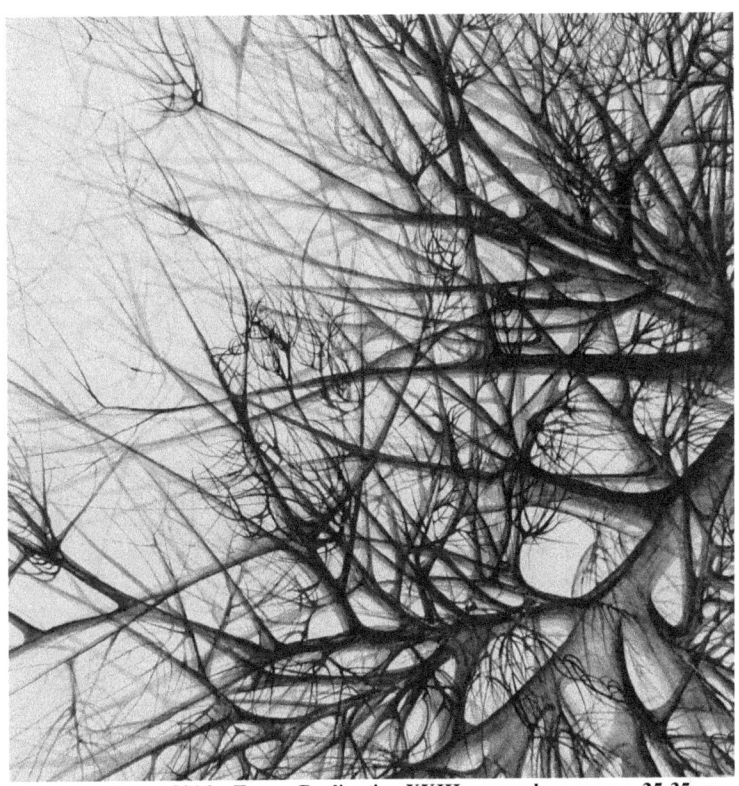

Marianic Parra 2016 «Trees - Declination XXIII» gouache on paper 35-35 cm

Trees – Declination XXIV

Man looking up at the sky

you find
in the forest of lines
certainty

Arbres – Déclinaison XXIV

Yeux d'homme levés vers le ciel

*tu trouves
dans la forêt des lignes
la certitude*

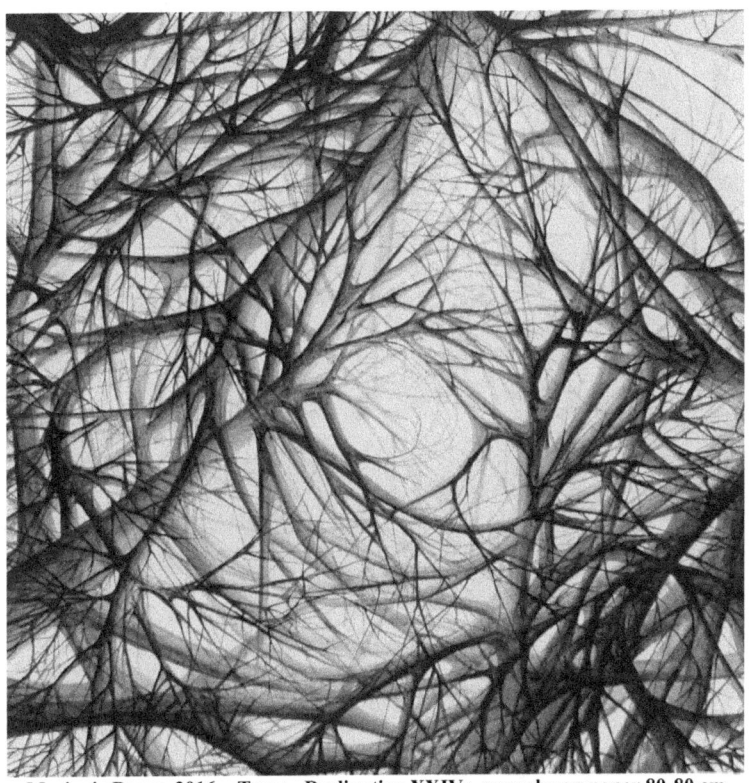
Marianic Parra 2016 «Trees - Declination XXIV» gouache on paper 80-80 cm

Trees – Declination XXV

Entered into silence
which reigns at level of the strong trees

you listen
with delight
to branches dancing

Arbres – Déclinaison XXV

*Entré dans le silence
qui règne à hauteur des arbres vigoureux*

*tu écoutes
avec ravissement
les branches qui dansent*

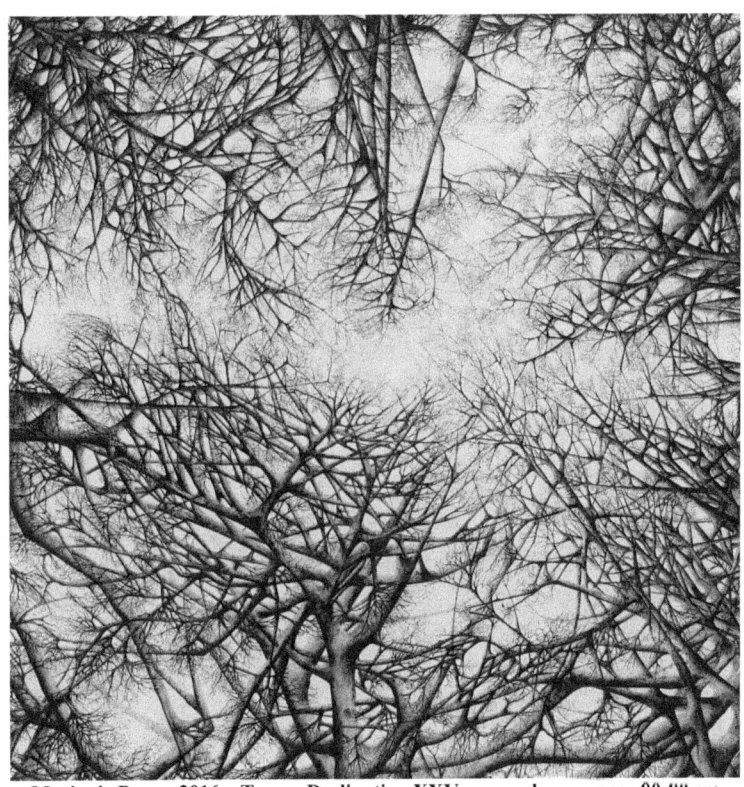
Marianic Parra 2016 «Trees - Declination XXV» gouache on paper 80-80 cm

www.ingramcontent.com/pod-product-compliance
Lightning Source LLC
Chambersburg PA
CBHW071201240526
45470CB00017B/1227